"Mądrość w cytatach: Zbiór inspirujących cytatów od najsłynniejszych postaci świata" to książka, która zbiera starannie wyselekcjonowane najgłębsze i największe cytaty od niektórych z najwybitniejszych postaci historii. Przebijając się przez mądrość najwybitniejszych indywidualistów w dziedzinach takich jak literatura, filozofia, nauka i inne, ta książka ma na celu zainspirowanie i prowadzenie czytelników do poprawy swoich życia. Każdy cytat jest opatrzony krótkim opisem osoby, która go powiedziała, dostarczając kontekstu i informacji tła, aby pomóc lepiej zrozumieć znaczenie i znaczenie cytatu. Ta książka obejmuje szeroki zakres perspektyw i pomysłów, od słów starożytnych filozofów po myślicieli współczesnych. "The Quotable Wisdom" oferuje bogactwo mądrości i perspektyw, które pomogą ci poprawić swoje życie i osiągnąć cele, czy szukasz motywacji, wskazówki czy po prostu nowej perspektywy.

John Wooden

John Wooden był legendarnym amerykańskim trenerem koszykówki, znanym z prowadzenia drużyny UCLA Bruins do 10 mistrzostw NCAA w ciągu 12 lat, w tym niezwykłych siedmiu z rzędu. Był znany z nacisku na dyscyplinę, ciężką pracę i zwycięstwo z godnością i uważany jest za jednego z największych trenerów w historii sportów. Był również szanowanym mówcą motywacyjnym i autorem.

"Nie oczekuj sprawiedliwości w życiu." (John Wooden)

Ten cytat sugeruje, że nie powinniśmy oczekiwać uczciwości w naszym życiu. Może oznaczać, że nie zawsze dostajemy to, na co zasługujemy lub że zdarzenia zachodzą bez naszej wiedzy lub zgody. Zamiast tracić czas na rozczarowanie lub frustrację, cytat zachęca nas do zaakceptowania tego faktu i skupienia się na tym, co możemy kontrolować. Może również oznaczać, że powinniśmy być przygotowani na nieoczekiwane wydarzenia i sytuacje, zamiast oczekiwać, że wszystko będzie "tylko" od razu.

Oto przykłady, jak możemy stosować ten koncept w naszym codziennym życiu:

Użyj techniki zegara, aby wyładować i uwolnić zbierającą się frustrację w bezpieczny i zarządzalny sposób.

Po tym, jak zegar przestanie dzwonić, praktykuj samo-refleksję, aby przypomnieć sobie, że nie możesz zmienić przeszłości i skupić się na tym, co możesz zmienić w teraźniejszości lub przyszłości.

Włącz tę technikę do codziennej rutyny, aby pomóc sobie radzić ze stresem i negatywnymi emocjami.

W sytuacjach, w których czujesz się zablokowany lub nie możesz przejść dalej po negatywnym wydarzeniu lub doświadczeniu, użyj techniki zegara.

Zachęcaj innych do spróbowania techniki i dzielenia się swoimi wynikami.

Użyj techniki zegara, aby przetworzyć i uwolnić negatywne myśli lub emocje, które Cię blokują.

Korzystaj z niej jako narzędzia do rozwoju osobistego i świadomości siebie.

Bob Hope

Bob Hope był popularnym amerykańskim artystą, komentatorem i aktorem, znanym z ról w filmach, programach telewizyjnych i na scenie. Był również znany z pracy jako komik stand-upowy oraz z występów w przedstawieniach USO dla amerykańskich żołnierzy podczas II wojny światowej, wojny koreańskiej i wojny w Wietnamie. Bob Hope otrzymał liczne nagrody, w tym Medal Prezydenta Wolności i Medal Kongresowy złota. Był powszechnie uważany za jednego z najukochańszych artystów XX wieku.

"Nie zabieraj komuś nadziei - to może być wszystko, co ma." - Bob Hope

Ta zdanie stwierdza, że nie powinniśmy odbierać komuś nadziei, ponieważ może to być jedyna, jaką ma. Nawet jeśli sami walczymy lub czujemy się beznadziejnie, zachęca do empatii dla innych bez odbierania im nadziei. Sugeruje, że nadzieja jest nam potrzebna wszystkim i że może być ostatnią nadzieją kogoś. Zachęca również do wsparcia innych, nawet kiedy potrzebujemy pomocy.

Oto kilka przykładów, jak możemy stosować to pojęcie w codziennym życiu:

Ćwicz empatię i zrozumienie dla innych, pamiętając, że nadzieja może być ich jedyną.

Unikaj działań lub słów, które mogą zniechęcać innych, nawet jeśli sami przeżywamy trudności.

Nawet jeśli przechodzisz trudny czas, wspieraj i zachęcaj innych, gdy czują się beznadziejni.

Dziel się swoimi pozytywnymi doświadczeniami i perspektywami, aby dawać innym nadzieję.

Bądź dobrym słuchaczem i oferuj słowa otuchy, aby pomóc innym utrzymać nadzieję i perspektywę.

Ćwicz aktywne słuchanie i daj się dostępnym do wsparcia i przestrzeni dla innych.

Zachęcaj innych do znalezienia nadziei w trudnych sytuacjach i pomagaj im dostrzegać możliwości i okazje.

Pamiętaj, że nadzieja jest niezbędna dla dobrego stanu emocjonalnego i psychicznego, i staraj się ją rozwijać u siebie i innych.

Jordan B. Peterson

Jordan B. Peterson jest kanadyjskim klinicznym psychologiem, krytykiem kultury i profesorem psychologii na Uniwersytecie Toronto. W połowie 2010 roku zyskał popularność za swoje krytyki politycznej poprawności i sprzeciw wobec przymusowego mówienia. Napisał kilka książek, w tym bestseller "12 zasad życia: antidotum na chaos". Jest również popularnym mówcą publicznym i wygłasza wykłady na różne tematy, w tym męskość, odpowiedzialność osobistą i psychologiczną znaczenie archetypów religijnych i mitologicznych. Jest również kontrowersyjną postacią, z krytykami jego poglądów na temat płci, ideologii politycznej i zdrowia psychicznego.

"Myśl o jednej rzeczy, którą robisz źle i wiesz, że robisz ją źle - którą mogłabyś naprawić i chcesz naprawić - rozmyślaj nad nią, aż znajdziesz odpowiedź." - Jordan B. Peterson

Cytat Jordana B. Petersona sugeruje, że wszyscy mamy nawyki lub zachowania, które wiemy, że są szkodliwe lub nieskuteczne, i że mamy zdolność do ich zmiany. Oznacza to również, że poświęcenie czasu na refleksję nad tymi rzeczami, myślenie o nich i szukanie sposobów ich poprawy może prowadzić do lepszych wyników w przyszłości.

Ogólnie rzecz biorąc, Peterson sugeruje, że ważne jest być świadomym swoich własnych słabości i być gotów pracować nad ich poprawą, aby osiągnąć sukces i szczęście w życiu.

Oto przykłady tego, jak możemy stosować ten koncept w codziennym życiu:

Wyznacz sobie czas na rozważanie swoich własnych nawyków i zachowań, które uważasz za szkodliwe lub nieskuteczne.

Szukaj rozwiązań, aby poprawić te zachowania i nawyki.

Przyjmij odpowiedzialność za swoje błędy i słabości i pracuj nad ich pokonaniem.

Korzystaj z samo-refleksji i introspekcji, aby pomóc w rozwoju osobistym i poprawie siebie.

Bądź otwarty na nowe pomysły i perspektywy, które mogą Ci pomóc pokonać swoje słabości.

Uwzględnij konstruktywną opinię innych, aby pomóc w identyfikacji obszarów do poprawy i opracowaniu planu ich rozwiązania.

Zdaj sobie sprawę, że ten proces jest ciągły i że trwała zmiana wymaga ciągłości i wytrwałości.

Stosuj tę strategię, aby poprawić nie tylko swoje życie osobiste, ale także zawodowe.

Cytat Jordana B. Petersona sugeruje, że powinniśmy porównywać się tylko z naszą przeszłą wersją siebie. Porównywanie się z innymi może być frustrujące, ponieważ nie mamy kontroli nad tym, co inni robią lub osiągają. Zwłaszcza w dzisiejszym świecie, gdzie ciągle jesteśmy bombardowani obrazami ludzi, którzy odnoszą sukcesy i robią lepiej niż my dzięki mediom społecznościowym i innym źródłom. Ponieważ zawsze będzie ktoś, kto osiągnie więcej lub będzie lepszy w czymś, może to prowadzić do uczuć nieadekwatności i niezadowolenia.

Zamiast tego Jordan B. Peterson proponuje, abyśmy porównywali się z naszymi przeszłymi ja. Dzięki temu możemy skupić się na własnym rozwoju i postępie, a nie na tym, co robią lub osiągają inni. Skupiając się na sobie, a nie na innych, jest to skuteczny sposób motywacji do podjęcia działania i osiągnięcia własnych celów. Możemy skupić się na naszych mocnych stronach i osiągnięciach zamiast na tym, co inni osiągnęli lub co jest poza naszym zasięgiem. Zamiast porównywać się z innymi, możemy skupić nasze wysiłki na rozwijaniu i poprawianiu naszych umiejętności.

Oto kilka przykładów, jak możemy stosować to pojęcie w codziennym życiu:

Skup swoją uwagę porównując się z własną przeszłością, a nie z innymi.

Korzystaj z samorefleksji, aby identyfikować obszary do poprawy i ustawiać osobiste cele.

Skupiaj się na swoim postępie i rozwoju, zamiast porównywać się z innymi.

Uświadamiaj sobie, że nie masz kontroli nad tym, co robią inni lub osiągają, ale masz kontrolę nad swoimi działaniami i postępem.

Korzystaj z dotychczasowych osiągnięć jako motywacji do kontynuowania pracy nad swoimi celami.

Pamiętaj, że postęp często jest stopniowy i nieliniowy i celebruj małe zwycięstwa po drodze.

Zamiast ciągle szukać potwierdzenia od innych, korzystaj z tego perspektywy, aby rozwijać świadomość i akceptację siebie.

Zamiast skupiać się na celu, ciesz się podróżą i procesem samorozwoju.

"Każdy powinien być kompetentny i niebezpieczny" (Jordan B. Peterson)

To oznacza, że każdy powinien posiadać umiejętności i kompetencje potrzebne do radzenia sobie z trudnościami i wyzwaniami życia, a także być świadomym swoich własnych ograniczeń i być zdolnym do obrony siebie i innych, jeśli to konieczne. Peterson uważa, że kompetencja i zdolność do działania w trudnych sytuacjach są niezbędne do radzenia sobie z wyzwaniami życia i osiągania sukcesu, a także spełniania roli odpowiedzialnego i skutecznego członka społeczeństwa.

Oto kilka przykładów, jak możemy stosować ten koncept w codziennym życiu:

Rozwijaj różnorodne umiejętności i kompetencje, aby pomóc Ci radzić sobie z trudnościami i wyzwaniami życia.

Szukaj szkoleń i edukacji, aby poprawić swoje umiejętności i wiedzę.

Bądź świadomy swoich ograniczeń i pracuj nad ich przezwyciężeniem.

Naucz się fizycznie i emocjonalnie bronić siebie i innych.

Rozwijaj odporność psychiczną i emocjonalną, aby pomóc Ci radzić sobie z trudnymi sytuacjami.

Przyjmij odpowiedzialność za własne i innych bezpieczeństwo i dobre samopoczucie.

Uświadom sobie, że bycie kompetentnym i groźnym wymaga siły psychicznej i emocjonalnej, jak i fizycznej.

Wykorzystaj swoją kompetencję i zdolność do działania w trudnych sytuacjach, aby przyczynić się do społeczeństwa i wywrzeć pozytywny wpływ na świat.

Jeśli twój wewnętrzny głos mówi ci negatywnego, nadaj mu imię i każ mu się zamknąć (Jordan B. Peterson)

Jordan B. Peterson sugeruje, że jeśli mamy negatywne myśli lub głosy wewnętrzne, które nas blokują, powinniśmy traktować je jak oddzielne istoty z własnymi imionami. W ten sposób łatwiej jest je zidentyfikować i zrozumieć, niż pozwolić im kontrolować nasze myślenie i zachowanie. Kontrolę nad negatywnym głosem wewnętrznym zyskujemy poprzez nadanie mu imienia i skierowanie do niego polecenia, aby przestał mówić. Dzięki temu poprawiamy świadomość i kontrolę nad negatywnymi myślami, jednocześnie skupiając się na pozytywnych i produktywnych myślach.

Oto kilka sposobów, w jakie możemy wykorzystać tę ideę w naszym życiu:

Rozpoznaj i nazwij negatywny głos wewnętrzny, który Cię hamuje.

Rozpoznaj, że ten głos wewnętrzny jest osobną jednostką od Twojego prawdziwego ja.

Kontroluj negatywny głos wewnętrzny, mówiąc mu "zamknij się" lub "ciszej" kiedy się pojawia.

Wizualizuj negatywny głos wewnętrzny jako wyciszony lub oddalony przy użyciu technik wizualizacji.

Świadomość i samoświadomość mogą pomóc Ci rozpoznać, kiedy pojawia się negatywny głos wewnętrzny i podjąć kroki, aby go wyciszyć.

Pozytywne i produktywne myśli powinny zastąpić negatywne.

Użyj tej techniki do praktykowania samo-zrozumienia i troski o siebie, a także skupienia się na samodoskonaleniu.

Pamiętaj, że zmiana negatywnych myśli wymaga czasu i ćwiczeń, ale korzyści dla Twojego zdrowia psychicznego i emocjonalnego są tego warta.

Epikur (341-270 BC)

Epikur był starożytnym greckim filozofem, który założył szkołę filozofii zwaną epikureizmem. Uczył, że celem życia ludzkiego jest osiągnięcie przyjemności i braku bólu, co można osiągnąć dzięki praktykowaniu cnoty, poszukiwaniu wiedzy i zrozumieniu natury oraz pielęgnowaniu przyjaźni. Uważał, że przyjemność jest ostatecznym celem życia, ale powinna być ona realizowana w rozsądny i umiarkowany sposób, unikając przesady i przyjemności cielesnych, które według niego prowadzą do bólu i niezadowolenia. Także uważał, że śmierć nie powinna być się obawiać, ponieważ jest końcem wszystkich odczuć i dlatego nie można jej przeżywać jako bolesnego. Jego nauki i filozofia miały znaczący wpływ na starożytny świat i nadal są studiowane i dyskutowane przez filozofów dzisiaj.

Przetłumacz na płynny polski: Anger is a punishment to oneself for someone else's mistake. Epikur (341-270 BC)

Złość to emocja, która może być wywoływana przez niesprawiedliwe lub frustrujące sytuacje lub doświadczenia. Gdy ktoś popełnia błąd lub rozczarowuje nas, często robimy się wściekli. Złość jednak może mieć negatywne konsekwencje, takie jak kłótnie z innymi, utratę kontroli nad sobą lub nawet agresję fizyczną. Ten cytat sugeruje, że złość jest formą samokarania, ponieważ powoduje, że cierpimy i tracimy kontrolę. Kontrolowanie złości może być trudne, ale rozumienie, że jest to kara dla siebie, może pomóc nam sobie z nią lepiej radzić i unikać negatywnych konsekwencji.

Oto kilka przykładów, jak możemy stosować ten koncept w codziennym życiu:

Uświadomienie sobie, że gniew jest emocją, którą może wywołać czynnik zewnętrzny, taki jak błąd lub rozczarowanie innej osoby.

Zrozumienie, że gniew może prowadzić do negatywnych skutków, takich jak konflikty, utrata kontroli lub nawet agresja fizyczna.

Uświadomienie sobie, że gniew jest formą samokarania, ponieważ powoduje cierpienie i utratę kontroli.

Aby uświadomić sobie, kiedy jesteś zły, praktykuj uważność i świadomość siebie.

Kontroluj i zarządzaj swoim gniewem, stosując techniki takie jak głębokie oddychanie, wizualizacja lub pozytywne mówienie do siebie.

Zamiast trzymać urazę, naucz się puścić gniew i wybaczać osobie, która popełniła błąd.

Uświadomienie sobie, że każdy popełnia błędy i praktykowanie empatii i zrozumienia dla innych.

Pamiętaj, że gniew jest naturalną ludzką emocją i jest dozwolone go odczuwać, jednak ważne jest nauczenie się, jak nad nim panować, aby uniknąć negatywnych konsekwencji.

Życzenie komuś zła to jak picie trucizny z myślą, że zaszkodzi komuś innemu. Epikur (341-270 p.n.e.)

Ten cytat sugeruje, że życzenie krzywdy innym jest jak picie trucizny z myślą, że zaszkodzi komu innemu. To pokazuje, że takie myśli i uczucia mogą być szkodliwe nie tylko dla innych, ale również dla siebie, ponieważ mogą prowadzić do negatywnych emocji i cierpienia.

Zamiast tego lepiej jest kultywować pozytywne myśli i uczucia, takie jak współczucie i empatia, aby osiągnąć szczęście i spokój. To pozwoli nam radzić sobie z trudnymi sytuacjami i budować silniejsze relacje z innymi. Strach, niepokój, gniew i frustracja to wszystkie negatywne emocje, które mogą mieć znaczący wpływ na ciało. Mogą powodować stres, co może prowadzić do objawów fizycznych, takich jak bóle głowy, napięcie mięśni, zaburzenia snu i problemy z trawieniem.

Długotrwały stres może również przyczyniać się do poważniejszych problemów zdrowotnych, takich jak choroby serca, cukrzyca i otyłość. Negatywne emocje mogą również wpływać na nasze myślenie i zachowanie, powodując problemy z podejmowaniem decyzji, skupieniem i relacjami międzyludzkimi. Dlatego ważne jest, aby radzić sobie z negatywnymi emocjami, jednocześnie zachęcając do pozytywnych emocji, takich jak radość i wdzięczność.

Oto kilka przykładów, jak możemy stosować to pojęcie w codziennym życiu:

Rozpoznawanie, że gniew jest emocją, która może być wywoływana przez czynniki zewnętrzne, takie jak błąd lub rozczarowanie kogoś innego.

Zrozumienie, że gniew może prowadzić do negatywnych konsekwencji, takich jak konflikty, utratę kontroli nad sobą lub nawet agresję fizyczną.

Rozpoznanie, że gniew jest formą samokarania, ponieważ powoduje, że cierpimy i tracimy kontrolę.

Aby rozpoznać, kiedy jesteś zły, praktykuj uważność i świadomość siebie.

Kontroluj i zarządzaj gniewem za pomocą technik, takich jak głębokie oddychanie, wizualizacja lub pozytywne auto-rozmowy.

Zamiast trzymać urazę, naucz się pozbywać gniewu i wybaczać osobie, która popełniła błąd.

Rozpoznaj, że każdy popełnia błędy i praktykuj empatię i zrozumienie dla innych.

Pamiętaj, że gniew jest naturalną emocją ludzką i jest dopuszczalne czuć ją; jednak ważne jest, aby nauczyć się ją kontrolować, aby uniknąć negatywnych konsekwencji.

Plato (424/423-348/347 BC)

Plato był starożytnym greckim filozofem, uczniem Sokratesa. Jest uważany za jedną z najważniejszych postaci w rozwoju zachodniej filozofii i założyciela Akademii w Atenach, pierwszej instytucji wyższego nauczania na zachodzie. Jest najbardziej znany z napisanych przez siebie dialogów, które były używane do nauczania różnych przedmiotów, w tym logiki, metafizyki, etyki, polityki i estetyki. Jego najsłynniejsze dzieła to "Państwo", w którym przedstawia swoje teorie dotyczące sprawiedliwości i państwa idealnego oraz "Symposium", w którym bada natury miłości i pożądania. Jest również znany z teorii form, w której twierdził, że niematerialne abstrakcyjne formy, takie jak sprawiedliwość, równość, są bardziej rzeczywiste niż materialne przedmioty, które widzimy na świecie.

"Najwięcej bólu jest u leniwych" Plato (424/423-348/347 BC)

Lenistwo jest określane jako brak chęci działania lub motywacji do wysiłku. Może prowadzić do braku spełnienia i satysfakcji w życiu, ponieważ brak działania uniemożliwia nam osiągnięcie naszych celów i marzeń. Lenistwo może również prowadzić do braku rozwoju i okazji do poszerzenia horyzontów. Wszystko to może prowadzić do braku sensu i spełnienia w życiu, co może prowadzić do stresu i bólu emocjonalnego. Ta cytat sugeruje, że najwięcej cierpi leniwy, ponieważ brak działania może prowadzić do braku zadowolenia i spełnienia w życiu. Platona zachęcał do działania i angażowania się w życie, aby osiągnąć szczęście i spełnienie.

Oto kilka przykładów, jak możemy stosować to pojęcie w naszym codziennym

życiu:

Rozpoznawanie, że lenistwo jest określane jako brak chęci działania lub

motywacji do wysiłku.

Zrozumienie, że lenistwo może prowadzić do braku satysfakcji i spełnienia w

życiu, ponieważ uniemożliwia nam osiągnięcie naszych celów i marzeń.

Uświadomienie sobie, że lenistwo może prowadzić do braku rozwoju i okazji do

poszerzenia horyzontów.

Rozpoznawanie, że lenistwo może prowadzić do stresu emocjonalnego i braku

sensu i spełnienia w życiu.

Ustalanie celów, tworzenie harmonogramu i znajdowanie partnerów

odpowiedzialnych, aby pomóc Ci pokonać lenistwo i zwiększyć motywację.

Bycie samodyscyplinowanym i chętnym do wysiłku potrzebnego do osiągnięcia

swoich celów.

Akceptowanie wyzwań i trudności jako okazję do osobistego rozwoju i rozwoju.

Pamiętanie, że jak zachęcał Plato, działanie i angażowanie się w życie jest

niezbędne dla szczęścia i spełnienia.

Peter Murphy

Peter Murphy to angielski wokalista i muzyk, który jest najlepiej znany jako lider zespołu Bauhaus. Zespół założony został w 1978 roku i wydał kilka albumów, w tym debiutancki "In the Flat Field", który uważany jest za przełomowe dzieło gothic rocka. Sukces i wpływ zespołu sprawiły, że Bauhaus jest uważany za jedną z najważniejszych i najbardziej wpływowych grup w gatunkach gothic rock i post-punk. Po rozwiązaniu Bauhaus w 1983 roku, Peter Murphy rozpoczął udany solowy karierę, wydając kilka albumów i koncertując intensywnie. Nadal jest aktywny w branży muzycznej i uważany jest za pioniera gatunku gothic rock.

Jeśli coś może pójść źle, to pójdzie. (Peter Murphy)

Murphy's Law, znany również jako Prawo Murphy'ego, to popularne przysłowie, które mówi "Jeśli coś może pójść źle, to pójdzie". Innymi słowy, to prawo opisuje skłonność ludzi do popełniania błędów lub niezamierzonych pomyłek, gdy coś idzie nie tak. Prawo Murphy'ego można traktować jako ostrzeżenie o nieprzewidzianych problemach lub trudnościach, które mogą pojawić się niespodziewanie w pracy i codziennym życiu. W pracy i codziennym życiu Prawo Murphy'ego można traktować jako ostrzeżenie o nieprzewidzianych problemach lub trudnościach, które mogą pojawić się niespodziewanie.

Oto kilka przykładów, jak możemy stosować ten koncept w codziennym życiu:

Zrozumienie, że Prawo Murphy'ego mówi, że wszystko, co może pójść źle, pójdzie.

Uświadomienie sobie, że to prawo dotyczy zarówno małych, jak i dużych problemów, podkreślając nieprzewidywalność życia.

Pamiętanie, że Prawo Murphy'ego dotyczy każdej sytuacji, od prostych zadań po skomplikowane projekty.

Przygotowanie na nieoczekiwane zdarzenia poprzez tworzenie planów awaryjnych i posiadanie opcji zapasowych.

Aby zmniejszyć możliwość błędów lub niezamierzonych pomyłek, praktykowanie proaktywnego rozwiązywania problemów.

Uczenie się na błędach i doświadczeniach z przeszłości, aby lepiej przewidywać i przygotowywać się na przyszłe problemy.

Gdy napotkasz nieoczekiwane trudności, trzymaj zimną głowę i pracuj nad znalezieniem rozwiązań.

Rozumienie, że Prawo Murphy'ego nie jest przekleństwem, ale raczej ostrzeżeniem, aby być przygotowanym na nieoczekiwane.

Bernard Shaw (1856-1950)

George Bernard Shaw był irlandzkim dramaturgiem, krytykiem i działaczem politycznym. Był współzałożycielem London School of Economics i napisał ponad sześćdziesiąt sztuk przez całe swoje życie. Otrzymał Nagrodę Nobla za literaturę w 1925 roku. Sztuki Shaw słyną z inteligencji i satyry, a często dotyczą one spraw społecznych i politycznych. Niektóre z jego najsłynniejszych sztuk to "Pygmalion", który później został przeniesiony na musical "My Fair Lady", "Man and Superman" oraz "Major Barbara". Był członkiem Fabian Society i zwolennikiem socjalizmu, praw kobiet i praw klasy robotniczej, a jego sztuki często odzwierciedlają te poglądy. Był również krytykiem muzyki i dramatu i pisał na ten temat w różnych publikacjach.

Jeśli jesteś w stanie jasno określić problem, jesteś już w połowie drogi do jego rozwiązania. George Bernard Shaw (1856-1950)

Ten cytat oznacza, że jeśli jesteś w stanie jasno opisać problem lub pytanie, jesteś w połowie drogi do jego rozwiązania lub znalezienia odpowiedzi. Oznacza to, że zrozumienie problemu lub pytania jest kluczowe dla określenia rozwiązania lub odpowiedzi. Shaw uważał, że jasne myślenie i analiza są ważnymi narzędziami do rozwiązywania problemów i podejmowania decyzji. Ten cytat jest również związany z terapią poznawczo-behawioralną, która stwierdza, że jeśli jesteś w stanie jasno opisać problem lub pytanie, jesteś w połowie drogi do jego rozwiązania lub znalezienia odpowiedzi. Ten proces jest znany jako "identyfikacja problemu" w CBT i polega na szczegółowym opisie myśli, uczuć i zachowań związanych z problemem. Jasne zrozumienie problemu lub pytania jest kluczowe, ponieważ pozwala terapeucie i klientowi zidentyfikować przyczynę problemu.

Przykłady jak możemy stosować to pojęcie w naszym codziennym życiu to:

Uświadomienie sobie, że zrozumienie problemu lub pytania jest kluczowe dla określenia rozwiązania lub odpowiedzi.

Ćwiczenie czystego myślenia i analizy, aby lepiej zrozumieć i identyfikować problemy lub pytania.

Aby uzyskać szczegółowe zrozumienie problemu lub pytania, stosuj techniki "identyfikacji problemu" takie jak terapia poznawczo-behawioralna.

Aby ułatwić zrozumienie złożonych problemów, dziel je na mniejsze, bardziej zarządzalne części.

Aby jasno przedstawić problem lub pytanie, używaj precyzyjnego i dokładnego języka i terminologii.

Szukaj wielu perspektyw i opinii od innych, aby uzyskać bardziej kompleksowe zrozumienie problemu.

Aby lepiej zrozumieć problem lub pytanie, ćwicz aktywne słuchanie i zadawanie pytań.

Pamiętaj, że zrozumienie problemu lub pytania jest pierwszym krokiem do znalezienia rozwiązania lub odpowiedzi.

Zeno of Kition (around 335-263 BCE)

Zeno z Kition (lub Cytium) był greckim filozofem i założycielem szkoły filozofii stoickiej. Urodził się w mieście Cytium, które obecnie jest Larnaką na Cyprze, około 335 pne. W młodości udał się do Aten, gdzie studiował u filozofa Cynika Cratesa. Zaczął uczyć w Atenach około 300 pne, gdzie rozwinął filozofię, która stała się znana jako stoicyzm. Uczył, że kluczem do życia według cnoty jest zrozumienie i akceptacja naturalnego porządku wszechświata oraz dążenie do wewnętrznego spokoju i kontroli nad sobą. Według niego, poprzez rozwijanie kontroli nad sobą i racjonalności, można znaleźć wewnętrzny spokój i wolność od destrukcyjnych emocji, takich jak gniew, strach i chciwość. On i jego naśladowcy również podkreślali konieczność życia zgodnie z naturą oraz ważność prostego życia.

Gdy nie musisz podejmować decyzji - nie podejmuj jej. Zenon z Kition (ok. 335-263 pne)

Ten cytat oznacza, że jeśli nie musisz podejmować decyzji, nie powinieneś tego robić. Oznacza to, że decyzje powinny być unikane jeśli nie są naprawdę konieczne lub ważne, ponieważ mogą one powodować niepotrzebny stres i trudności. Podejmowanie decyzji może być trudne i czasochłonne, a niektóre decyzje mogą mieć poważne konsekwencje. W rezultacie, niektórzy ludzie mogą unikać podejmowania decyzji, nawet jeśli są one absolutnie konieczne, aby uniknąć stresu lub odpowiedzialności za konsekwencje. Zenon z Kition, z drugiej strony, uważał, że unikanie decyzji, które nie są naprawdę ważne, może pomóc w utrzymaniu spokoju i równowagi emocjonalnej. W rezultacie, radził unikanie niepotrzebnych decyzji, aby osiągnąć spokój i równowagę emocjonalną.

Oto kilka przykładów jak możemy stosować ten koncept w naszym codziennym życiu:

Zdaj sobie sprawę, że podejmowanie decyzji może być trudne i czasochłonne, a niektóre decyzje mogą mieć poważne konsekwencje.

Zrozum, że unikanie decyzji, które nie są naprawdę konieczne lub ważne, może pomóc utrzymać spokój i równowagę emocjonalną.

Bądź świadomy, że niektórzy ludzie unikają podejmowania decyzji, nawet jeśli są one konieczne, aby uniknąć stresu lub odpowiedzialności za konsekwencje.

Priorytetyzuj ważne decyzje i unikaj ich, jeśli nie są one naprawdę konieczne.

Wykorzystuj swój czas i energię na ważne decyzje, które będą miały duży wpływ na twoje życie.

Ćwicz uważność i świadomość siebie, aby rozpoznać, kiedy unikasz koniecznej decyzji.

Szukaj opinii i rad od innych, aby pomóc Ci w podejmowaniu ważnych decyzji.

Pamiętaj, że unikanie niepotrzebnych decyzji może pomóc utrzymać spokój i równowagę emocjonalną w twoim życiu.

Charles R. Swindoll

Charles R. Swindoll to amerykański pastor chrześcijański ewangelikalny, autor, edukator i kaznodzieja radiowy. Jest on senior pastor kościoła Stonebriar Community Church w Frisco w Teksasie oraz założycielem i prezesem Insight for Living, międzynarodowej radia i telewizji chrześcijańskiej. Napisał ponad 30 książek, wiele z których stały się bestsellerami. Jest znanym mówcą, a jego komunikaty były transmitowane na całym świecie przez radio i telewizję. Pełnił również funkcję kanclerza Dallas Theological Seminary, gdzie przez wiele lat również uczył jako profesor. Jest znany z nacisku na praktyczne zastosowanie biblijnych zasad w codziennym życiu oraz z nauczania o ważności charakteru w przywództwie.

"Życie składa się tylko z 10% okazji, a 90% z tego, jak na nie reagujemy" - Charles R. Swindoll.

Cytat sugeruje, że duża część tego, co dzieje się z nami w życiu, zależy od naszego nastawienia i reakcji na to. Nasze reakcje na sytuacje silnie wpływają na nasze doświadczenia. Dlatego, zamiast tracić czas na narzekanie i krytykowanie, ten cytat zachęca nas do skupienia się na naszych reakcjach na różne sytuacje i podejściu do nich z pozytywnym i proaktywnym nastawieniem.

Również sugeruje, że mamy ogromny wpływ na nasze życie i doświadczenia. Choć niektóre rzeczy są poza naszą kontrolą, takie jak pogoda czy okoliczności zewnętrzne, nasza reakcja na nie jest. Więc możemy wpływać na nasze życie i doświadczenia poprzez nasze nastawienie i sposób, w jaki reagujemy na różne sytuacje.

Oto kilka sposobów, w jakie możemy wykorzystać tę ideę w naszym życiu:

Uświadom sobie, że nasze nastawienie i sposób reakcji na to, co się z nami dzieje, determinuje dużą część tego, co się z nami dzieje.

Zdaj sobie sprawę, że nasze podejście do sytuacji ma znaczący wpływ na nasze doświadczenia.

Zdaj sobie sprawę, że mamy dużo kontroli nad naszym życiem i doświadczeniami, nawet jeśli niektóre rzeczy są poza naszą kontrolą.

Zamiast narzekać i krytykować, przyjmij pozytywne i proaktywne nastawienie podczas radzenia sobie z różnymi sytuacjami.

Szukaj sposobów, aby wpływać na swoje życie i doświadczenia, zmieniając swoje nastawienie i reakcję na różne sytuacje.

Ucz się dostosowywać do nowych sytuacji i robić z nich to, co najlepsze.

Rozwijaj odporność emocjonalną i mentalną, aby pomóc Ci radzić sobie z trudnymi sytuacjami.

Pamiętaj, że twoje nastawienie i reakcja na różne sytuacje mogą mieć znaczący wpływ na twoje życie i doświadczenia.

Dale Carnegie

Dale Carnegie był amerykańskim pisarzem i prelegentem oraz twórcą słynnych kursów rozwoju osobistego, sprzedaży, szkoleń korporacyjnych, mówienia publicznego i umiejętności interpersonalnych. Urodził się w 1888 roku, rozpoczynając swoją karierę jako sprzedawca, a ostatecznie stając się popularnym mówcą publicznym, dzieląc się swoimi pomysłami i technikami sukcesu. Jego najsłynniejsza książka "Jak przyciągnąć przyjaciół i wpływać na ludzi", wydana w 1936 roku, sprzedała miliony egzemplarzy na całym świecie i pozostaje bestsellerem do dziś. Książka uczy jak radzić sobie z ludźmi, jak zwiększać swoją popularność i przekonywać innych do swojego sposobu myślenia. Napisał również kilka innych książek, takich jak "Szybki i łatwy sposób na efektywne mówienie" oraz "Jak przestać się martwić i zacząć żyć". Jego nauczanie i metody nadal pozostają wpływowe w dziedzinie samopomocy i rozwoju osobistego.

"80% sukcesu w każdym zawodzie opiera się na twojej umiejętności radzenia sobie z ludźmi." - Dale Carnegie.

Ten cytat sugeruje, że umiejętność współpracy i interakcji z innymi jest kluczowa dla sukcesu w różnych dziedzinach. Ten cytat podkreśla ważność rozwijania pozytywnych relacji z innymi oraz umiejętności komunikacji i współpracy. Również sugeruje, że umiejętności interpersonalne, a nie wiedza czy umiejętności techniczne, są ważniejsze w osiąganiu sukcesu w zawodzie.

Oto kilka sposobów, w jakie możemy wykorzystać tę ideę w naszym życiu:

Uświadom sobie, że umiejętność współpracy i interakcji z innymi jest kluczowa dla sukcesu w różnych dziedzinach.

Zrozum, że umiejętności interpersonalne są ważniejsze niż wiedza czy umiejętności techniczne w osiąganiu sukcesu w swoim zawodzie.

Skup się na budowaniu pozytywnych relacji z innymi oraz rozwijaniu umiejętności komunikacji i współpracy.

Ćwicz słuchanie aktywne, skuteczne komunikowanie się i empatię wobec innych.

Szukaj sposobów na rozszerzanie swojego sieci kontaktów i współpracę z innymi.

Naucz się skutecznie rozwiązywać konflikty.

Rozwijaj swoje zdolności liderskie i zachęcaj innych do współpracy w celu osiągnięcia wspólnego celu.

Pamiętaj, że budowanie pozytywnych relacji i rozwijanie umiejętności komunikacji mogą mieć znaczący wpływ na twój sukces w każdym zawodzie.

Jim Rohn

Jim Rohn był amerykańskim przedsiębiorcą, autorem i mówcą motywacyjnym. Rozpoczynał swoją karierę w branży sprzedaży bezpośredniej, a ostatecznie stał się udanym przedsiębiorcą i inwestorem w nieruchomości. W latach 70. i 80. stał się popularnym mówcą motywacyjnym i był znany z prostych, lecz skutecznych filozofii na temat rozwoju osobistego, sukcesu i życia pełnego sensu. Napisał kilka książek, w tym "Sztuka wyjątkowego życia", "Pięć głównych elementów układanki życia" i "Pory roku życia", które zostały przetłumaczone na wiele języków i nadal cieszą się popularnością. Był mentorem wielu znanych liderów i przedsiębiorców, takich jak Tony Robbins, Mark Victor Hansen i Brian Tracy. Zmarł w 2009 roku, ale jego nauki i wykłady nadal inspirują wielu ludzi na całym świecie.

"Dąż do tego, aby być jednym procentem lepszym od siebie sprzed wczoraj" (Jim Rohn)

Ta myśl podkreśla ważność ciągłego rozwoju i samodoskonalenia się w celu osiągnięcia sukcesu i szczęścia. Może to obejmować aspekty takie jak zdrowie, kariera, relacje międzyludzkie i pasje i zainteresowania.

Bycie jednym procentem lepszym od wczoraj oznacza, że powinniśmy dążyć do robienia czegoś każdego dnia, co pomoże nam w postępie i realizacji naszych celów. Może to być tak proste, jak czytanie książki lub ćwiczenie, ale nawet małe kroki mogą mieć duży wpływ na nasze ogólne szczęście i dobre samopoczucie.

Ważne jest również pamiętanie, że samodoskonalenie nie oznacza doskonałości i nie jest procesem zakończonym. To nigdy nie kończąca się podróż, w której należy ciągle szukać sposobów na poprawę swoich umiejętności i zdolności, a także swojego życia i dobrego samopoczucia.

Oto kilka przykładów tego, jak możemy stosować to pojęcie w naszym codziennym życiu:

Uświadom sobie znaczenie ciągłego rozwoju i poprawy siebie w osiąganiu sukcesu i dobrego samopoczucia.

Codziennie staraj się robić coś, co pomoże Ci postępować i osiągać swoje cele.

Rozwijaj świadomość siebie i identyfikuj obszary swojego życia, które chcesz poprawić.

Ustaw małe, osiągalne cele, które pozwolą Ci poprawić się o 1% dziennie.

Czynnie dąż do poprawy siebie jako części swojej codziennej rutyny i być konsekwentnym w swoich wysiłkach.

Ucz się na swoich błędach i porażkach i wykorzystuj je na swoją korzyść.

Szukaj zasobów i wsparcia, takich jak książki, warsztaty czy mentoring, aby Ci pomóc na Twojej drodze rozwoju.

Pamiętaj, że rozwój osobisty to podróż, a nie cel i że celem jest stać się najlepszą wersją samego siebie.

Crowfoot

Crowfoot (znany również jako Isapo-muxika) był przywódcą narodu Siksika, jednego z plemion Konfederacji Czarnych Stóp, w obecnym Alberta w Kanadzie. Był przywódcą Blackfootów w XIX wieku i odgrywał ważną rolę przy podpisaniu Traktatu 7 w 1877 roku. Słynął z silnego oporu wobec prób rządu kanadyjskiego przyswajania Blackfootów i przymuszania ich do zamieszkiwania na rezerwatach. Był również szanowanym wojownikiem i przywódcą w wojnach plemiennych przeciwko innym pierwotnym mieszkańcom i osadnikom europejskim. Zmarł w 1890 roku. Jego imię i dziedzictwo nadal są pamiętane w Kanadzie jako symbol oporu i odporności Blackfootów oraz pierwotnych mieszkańców w ogóle.

"Mów tylko do tych, którzy słuchają, a jeśli osoba, do której mówisz, nie słucha, to przestań mówić." (Crowfoot, przywódca Indian)

Ta fraza sugeruje, że rozmawianie z kimś, kto nie jest zainteresowany słuchaniem, jest bezcelowe. Tracimy czas i energię, rozmawiając z kimś, kto jest niechętny słuchaniu tego, co mamy do powiedzenia. Oznacza to, że zamiast tracić czas na próby przekonania tych, którzy nie są zainteresowani tym, co mamy do powiedzenia, powinniśmy skupić się na komunikowaniu się z tymi, którzy chcą i są gotowi nas wysłuchać.

Ta fraza oznacza też, że skuteczna komunikacja wymaga obecności zarówno mówcy, jak i słuchacza. Jeśli którykolwiek z tych elementów jest brakujący, komunikacja się nie powiedzie.

Fraza ta oznacza też, że ważne jest świadomość odbiorcy i jego gotowości do przyjęcia tego, co mamy do powiedzenia. Ważne jest rozpoznanie, kiedy ktoś nie jest skupiony i dostosowanie naszego podejścia do tego.

Oto kilka przykładów, jak możemy stosować to pojęcie w codziennym życiu:

Rozpoznawanie, że mówienie do kogoś, kto nie jest zainteresowany słuchaniem, jest bezcelowe.

Zrozumienie, że skuteczna komunikacja wymaga zarówno mówiącego, jak i słuchającego.

Skupienie się na komunikowaniu się z ludźmi, którzy chętnie słuchają.

Uważanie na publiczność i ich reakcję na to, co mówisz.

Aktywne słuchanie wymaga zwracania uwagi na sygnały innej osoby, aby określić, czy słucha.

Rozpoznawanie, gdy ktoś nie uważa i dostosowywanie swojego podejścia zgodnie z tym.

Szukanie okazji do rozmowy z ludźmi, którzy są zainteresowani słuchaniem twoich pomysłów i perspektyw.

Pamiętaj, że skuteczna komunikacja wymaga wzajemnego udziału i że mówienie do tych, którzy nie słuchają, jest nieskuteczne.

Epictetus

Epictetus był greckim filozofem stoickim, który żył w I wieku n.e. Urodził się jako niewolnik, ale ostatecznie uzyskał wolność i stał się znaczącym filozofem w starożytnym Rzymie. Wierzył, że ludzie powinni dążyć do życia w zgodzie z naturalnym porządkiem wszechświata i że kluczem do szczęśliwego życia jest akceptacja swoich okoliczności i skupienie się na rozwijaniu wewnętrznej cnoty i kontroli nad sobą. Uczył, że jedynymi rzeczami, na które mamy wpływ w życiu, są nasze własne myśli i działania, i że nie powinniśmy marnować energii na próby zmiany zewnętrznych wydarzeń lub okoliczności. Wierzył, że przez zrozumienie i akceptację natury rzeczy, można znaleźć wewnętrzny spokój i wolność od destrukcyjnych emocji, takich jak gniew, strach i chciwość. Jego nauki zostały zapisane przez jego ucznia, Ariana, i przekazywane przez wieki w formie Enchiridion (podręcznika) i dyskursów. Jego nauki miały trwały wpływ na rozwój filozofii zachodniej, szczególnie w dziedzinie etyki i rozwoju osobistego.

"Wszystko co posiadam, noszę ze sobą (Omnia mea mecum porto)"

(Epictetus)

Ta fraza sugeruje, że to, co mamy na zewnątrz, takie jak posiadane przedmioty czy pozycja społeczna, jest mniej ważne niż to, co mamy wewnątrz siebie, takie jak przekonania, wartości, emocje i myśli. Oznacza to, że prawdziwe bogactwo i szczęście pochodzą z wewnątrz, a nie z zewnątrz. Epiktet uważał, że zamiast skupiać się na tym, co jest tymczasowe i ulotne, takie jak posiadane przedmioty, powinniśmy skupiać się na tym, co naprawdę się liczy, czyli naszej wewnętrznej siły i mądrości.

Ta fraza sugeruje również, że nie powinniśmy być zbyt przywiązani do rzeczy poza nami i że powinniśmy być w stanie znaleźć zadowolenie i szczęście wewnątrz siebie niezależnie od naszych sytuacji zewnętrznych.

Oto kilka przykładów, jak możemy zastosować ten koncept w naszym codziennym życiu:

Zdaj sobie sprawę, że to, co mamy na zewnątrz, takie jak posiadane dóbr czy status społeczny, nie ma takiego znaczenia, jak to, co mamy w sobie.

Zrozum, że prawdziwe bogactwo i szczęście pochodzą z wewnątrz, a nie z zewnątrz.

Skupiaj się na tym, co naprawdę ważne, takie jak wewnętrzna siła i mądrość.

Aby lepiej poznać swoje wartości i przekonania, praktykuj uważność i świadomość siebie.

Szukaj okazji do rozwijania swojej wewnętrznej mądrości i siły.

Ucz się oddzielać od dóbr materialnych i sytuacji zewnętrznych.

Rozwijaj wewnętrzny spokój, zadowolenie i szczęście.

Pamiętaj, że prawdziwe bogactwo i szczęście pochodzą z wewnątrz, i że nie powinniśmy przywiązywać zbytniej wagi do rzeczy zewnętrznych.

Original

"Kiedy motywacja kończy się, zaczyna się dyscyplina."

Motywacja jest siłą napędową, która nas prowadzi do działania i osiągnięcia naszych celów; jednak kiedy motywacja słabnie, dyscyplina staje się kluczowa dla naszego sukcesu. Dyscyplina to zdolność do konsekwentnego działania i przestrzegania określonych zasad w celu osiągnięcia naszych celów.

Według tego cytatu, istnieje kilka zalet. Po pierwsze, motywacja motywuje nas do działania i osiągnięcia naszych celów, ale dyscyplina pozwala nam utrzymać nasze wysiłki i osiągnąć długotrwałe rezultaty. Może to pomóc nam osiągnąć sukces w różnych dziedzinach naszego życia, od pracy do sportu po szkołę. Po drugie, dyscyplina może pomóc nam lepiej zarządzać naszym czasem i priorytetami, co prowadzi do zwiększonej efektywności i efektywności.

Jeśli nie przestrzegamy tego cytatu i brakuje nam dyscypliny, może to skutkować nie konsekwentnym działaniem i trudnością w osiąganiu naszych celów. Może również utrudnić nam zarządzanie czasem i osiąganie naszych celów. W efekcie możemy czuć się niezadowoleni z naszych osiągnięć i mało postępować w kierunku naszych celów.

Ponadto, kiedy brakuje nam dyscypliny, jesteśmy bardziej skłonni porzucić nasze cele i aspiracje, gdy rzeczy stają się trudne lub napotykamy przeszkody. Może to prowadzić do braku postępu i poczucia niemożliwości w naszym życiu.

Oto kilka przykładów tego, jak możemy stosować tę koncepcję w codziennym życiu:

Zdaj sobie sprawę, że motywacja jest ważna, ale dyscyplina jest kluczowa dla długoterminowego sukcesu.

Ustaw sobie konkretne, mierzalne cele i stwórz plan działania, aby je osiągnąć

Stwórz nawyk identyfikowania konkretnych działań, które muszą być podjęte, aby osiągnąć swoje cele.

Priorytetyzuj swoje zadania i zacznij od najważniejszych.

Śledź swój postęp i regularnie sprawdzaj swoje postępy, aby być odpowiedzialnym wobec swoich celów.

Pokonaj prokrastynację i rozpraszające zachowania.

Pamiętaj, że dyscyplina wymaga czasu i wysiłku, ale jest tego warta, aby osiągnąć nasze cele i żyć bardziej satysfakcjonującym życiem.

Warto mieć odwagę by okazywać emocje.

Ten zdaniach sugeruje, że warto mieć odwagę, aby otwarcie i szczerze wyrażać swoje emocje, zamiast je ukrywać czy tłumić. Ta odwaga może być trudna do zgromadzenia, ponieważ wielu ludzi boi się być szczerymi z innymi i jak inni zareagują na ich emocje.

Istnieje kilka zalet przestrzegania tego zdania. Po pierwsze, wyrażanie swoich emocji pozwala być bardziej autentycznym i szczerym z samym sobą i innymi, co może prowadzić do poprawy komunikacji i bliższych relacji. Ponadto, wyrażanie emocji może pomóc nam lepiej zrozumieć siebie i swoje uczucia, co może być szczególnie korzystne, jeśli mamy trudności z identyfikacją lub nazywaniem naszych emocji.

Są pewne negatywne konsekwencje, jeśli nie przestrzegamy tego zdania i nie wyrażamy swoich emocji. Ponieważ nie mamy sposobu na wyrażanie siebie, może to prowadzić do uczuć napięcia i stresu. Może również prowadzić do nieporozumień i konfliktów, gdy inni mają trudności z zrozumieniem nas i naszych potrzeb. W konsekwencji może to mieć negatywny wpływ na nasze relacje z innymi.

Tłumienie emocji może również mieć negatywne konsekwencje zdrowotne, takie jak zwiększony stres, lęk i depresja. Może również utrudniać regulację emocji i powodować problemy z kontrolą impulsów.

Oto kilka przykładów, jak możemy stosować ten koncept w codziennym życiu:

Uświadomienie sobie ważności wyrażania emocji w zdrowych komunikacjach i relacjach.

Nauka rozpoznawania i nazywania swoich emocji.

Eksperymentowanie z wyrażaniem emocji w zdrowy i odpowiedni sposób.

Jeśli to konieczne, poszukiwanie pomocy od przyjaciół, rodziny lub terapeuty.

Pamiętanie, że jest to akceptowalne doświadczanie i wyrażanie emocji i każdy ma prawo do tego.

Podczas komunikacji z innymi, stosowanie empatii i aktywnego słuchania oraz otwartości na słuchanie i zrozumienie ich emocji.

Uświadomienie sobie, że wyrażanie emocji nie jest zawsze łatwe, ale warto poświęcić wysiłek, aby mieć zdrowsze i bardziej autentyczne relacje z innymi i z samym sobą.

"Ludzie są skłonni do zmiany swojego zachowania lub działań, gdy są silnie zainspirowani lub zdesperowani"

Przestrzeganie tego zdania może mieć pozytywne konsekwencje, takie jak motywowanie ludzi do podjęcia działań, które prowadzą do osiągnięcia celów lub rozwiązania problemów. Może to również prowadzić do rozwoju osobistego i nauki nowych rzeczy.

Jednak przestrzeganie tego zdania może mieć negatywne konsekwencje. Może prowadzić do przesady w kwestii tego, co motywuje ludzi do zmiany, zamiast tego, co jest dla nich najlepsze. Może to również prowadzić do wykorzystywania lub manipulowania ludźmi w celu osiągnięcia pewnych celów, co nie jest ani etyczne, ani moralne.

Ponadto poleganie tylko na inspiracji lub desperacji, aby motywować zmianę, może być problematyczne. Ignoruje ono fakt, że ludzie mogą zmieniać swoje zachowanie lub działania, ponieważ czują się odpowiedzialni, chcą się uczyć i rozwijać lub chcą poprawić swoje życie i relacje.

Zamiast polegać tylko na inspiracji lub desperacji, ważne jest, aby zdawać sobie sprawę z faktu, że istnieje wiele czynników, które mogą motywować ludzi do zmiany. Sense of purpose, pragnienie rozwoju osobistego, poczucie odpowiedzialności i gotowość do poprawy swojego życia i relacji to przykłady tych czynników.

Ponadto ważne jest, aby podchodzić do zmiany w nie przymusowy, nie manipulacyjny i szacunkowy sposób. Powinniśmy wspierać i wspierać wysiłki ludzi do zmiany, i powinniśmy być otwarci na zrozumienie ich potrzeb i punktów widzenia.

Oto kilka przykładów, jak możemy stosować to pojęcie w codziennym życiu:

Zastanów się, co naprawdę motywuje Cię do zmian w życiu. Czy jesteś zmotywowany/a inspiracją, desperacją czy mieszanką tych dwóch? Zrozumienie własnych motywacji może pomóc Ci wprowadzić bardziej skuteczne i trwałe zmiany.

Bądź świadomy/a, że różni ludzie są motywowani różnymi rzeczami. Zamiast polegać tylko na inspiracji lub desperacji, aby motywować innych, spróbuj zrozumieć ich punkt widzenia i to, co może ich motywować do zmiany.

Wspieraj i zachęcaj innych do prób zmiany. Zamiast próbować ich zmuszać lub manipulować, spróbuj zrozumieć ich potrzeby i pomóc im odkryć własną motywację do zmiany.

Bądź ostrożny/a przed negatywnymi konsekwencjami polegania zbytnio na inspiracji lub desperacji jako motywatorach zmian. Staraj się podejść do zmiany w sposób szacunkowy, nie przymusowy i nie manipulacyjny.

Kultywuj w sobie i innych poczucie celu, rozwoju osobistego, odpowiedzialności i gotowości do poprawy swojego życia i relacji.

Kieruj swoją uwagę na samoświadomość i refleksję, to pozwoli Ci lepiej zrozumieć i komunikować się z innymi.

Ludzie są stworzeni do brania - replikowania - oddawania. Jeśli nie lubisz tego, co wraca do ciebie, zwróć uwagę na to, co dajesz.

Koncept przyciągania, znany również jako prawo przyciągania, jest dobrze znany i często cytowany w literaturze samopomocowej, jak również w dziedzinach takich jak psychologia, filozofia i duchowość. Według tej teorii nasze myśli i uczucia mogą przyciągać pewne rzeczy, sytuacje lub ludzi do nas. Uważa się, że nasze przekonania i postawy wpływają na to, co do nas przychodzi i jak reagujemy na różne sytuacje w naszym życiu. Przestrzeganie tej idei oznacza zwracanie uwagi na to, co wysyłamy do świata, czy to myśli, działania czy emocje. Jeśli jesteśmy niezadowoleni z tego, co do nas wraca, powinniśmy przeanalizować, co dajemy. To może nam pomóc zrozumieć przyczynę naszych problemów i zmienić nasze postawy i działania, aby uzyskać pozytywny rezultat.

Ludzie są stworzeni do brania - replikowania - oddawania. Jeśli nie podobają ci się rzeczy, które do ciebie wracają, zwróć uwagę na to, co dajesz.

Koncepcja przyciągania, znana również jako prawo przyciągania, jest dobrze znana i często cytowana w literaturze motywacyjnej, jak i w dziedzinach takich jak psychologia, filozofia i duchowość. Nasze myśli i uczucia, według tej teorii, mogą przyciągać pewne rzeczy, sytuacje lub ludzi do nas. Uważa się, że nasze przekonania i postawy wpływają na to, co do nas przychodzi i jak reagujemy na różne sytuacje w naszym życiu.

Trzymanie się tej idei oznacza zwracanie uwagi na to, co wysyłamy na świat, czy to myśli, działania czy emocje. Jeśli jesteśmy niezadowoleni z tego, co do nas wraca, powinniśmy przyjrzeć się temu, co dajemy. Może to pomóc nam zrozumieć przyczynę naszych problemów i zmienić nasze postawy i działania, aby stworzyć pozytywniejszy rezultat.

Oto kilka przykładów, jak możemy stosować tę koncepcję w naszym codziennym życiu:

Refleksja nad naszymi uczuciami i myślami: zarezerwuj trochę czasu każdego dnia, aby zastanowić się nad swoimi uczuciami i myślami. Zidentyfikuj negatywne lub ograniczające przekonania, które mogą cię blokować.

Zmiana perspektywy: skupiając się na negatywnych aspektach naszego życia, przyciągamy więcej tego samego. Zamiast tego powinniśmy skupić się na dobrym i doceniać to.

Świadomość naszych działań: nasze działania mogą mieć wpływ na to, co się nam przydarza. Jeśli działamy z miłością i hojnością, jesteśmy bardziej skłonni przyciągać pozytywne rzeczy do naszego życia.

Darowanie jest jednym z najskuteczniejszych sposobów na przyciągnięcie pozytywnych rzeczy do naszego życia. Pomaganie innym i przyczynianie się do społeczności może prowadzić do poczucia spełnienia i szczęścia.

Ćwiczenie wdzięczności: bądź wdzięczny za to, co masz w swoim życiu, niezależnie od tego, jak nieistotne to jest. Wdzięczność pomaga nam przenieść nasze skupienie z tego, czego nam brakuje, na to, co już mamy, co może prowadzić do pozytywnych wyników w naszym życiu.

"Wykorzystuj weekendy, aby budować życie swoich marzeń, a nie uciekać od tego, które masz."

Ten zwrot sugeruje, że zamiast wykorzystywać weekendy na relaks i unikanie problemów lub odpowiedzialności, powinniśmy je wykorzystać na podjęcie działań i realizację swoich celów i marzeń. W ten sposób weekendy stają się okazją do rozwoju i sukcesu, a nie tylko czasem na odpoczynek i ucieczkę od codziennych obowiązków.

Zamiast siedzieć bezczynnie, zdanie zachęca do aktywnego i produktywnego wykorzystania czasu wolnego. Może to oznaczać ustalanie konkretnych celów na weekend lub skupienie się na zadaniach ważnych dla nas i pomagających nam osiągnąć sukces. Może to też oznaczać poświęcanie czasu na hobby lub działania, które lubimy i pomagają nam rozwijać nasze umiejętności. Weekendy stają się w ten sposób okazją do rozwoju i sukcesu, a nie tylko czasem na odpoczynek i ucieczkę od codziennych obowiązków.

Oto kilka przykładów, jak możemy stosować to pojęcie w naszym codziennym życiu:

Ustawiajmy konkretne cele na weekendy i planujmy, jak je osiągnąć. Może to obejmować zadania związane z pracą lub projektami osobistymi, a także działania, które pomagają nam rozwijać nasze umiejętności lub realizować nasze zainteresowania.

Weekendy mogą być używane do pracy nad długofalowymi projektami lub celami, których nie mamy czasu w ciągu tygodnia. Pisanie książki, zakładanie firmy lub nauka nowego umiejętności to tylko przykłady tego.

Możemy spędzać weekendy na ćwiczeniach, medytacji lub czytaniu książek motywacyjnych, aby poprawić nasze zdrowie fizyczne i psychiczne.

Weekendy powinny być używane do spędzania czasu z bliskimi, takimi jak wyjazdy rodzinne lub wspólne kolacje.

Spędzajmy weekendy na wolontariacie lub pomagajmy w naszej lokalnej społeczności, przykładowo poprzez wsparcie lokalnej organizacji charytatywnej.

Weekendy są idealne do eksplorowania nowych miejsc lub próbowania nowych doświadczeń, takich jak zwiedzanie nowego miasta lub podejmowanie nowego hobby.

Robimy listę rzeczy do zrobienia lub przygotowujemy posiłki z wyprzedzeniem w weekendy, aby zaplanować i zorganizować przyszły tydzień.

Używajmy weekendów do refleksji nad naszym postępem i stawiania nowych celów na nadchodzący tydzień, miesiąc lub rok.

Jak radzić sobie z traumą i reakcjami na stres.

Jeśli masz wspomnienia, które są starsze niż 18 miesięcy i które cię prześladują i powodują reakcje stresowe, oznacza to, że twoja podświadomość nadal je postrzega jako zagrożenie i przypomina ci o nich. Ta teoria sugeruje, że w takich sytuacjach powinieneś aktywnie przywoływać te myśli i reflektować nad tym, co się zmieniło, a co nie od tamtego czasu. Sugeruje również, abyś zaplanował jak postępować z takimi sytuacjami w przyszłości, tak aby móc sobie z nimi radzić, gdy już się pojawią.

Oto kilka przykładów, jak możemy stosować to pojęcie w naszym codziennym życiu:

Rozważ przeszłe traumy i zidentyfikuj bodźce, które nadal na Ciebie wpływają.

Przygotuj strategię radzenia sobie z trudnymi wspomnieniami i reakcjami stresowymi, jakie pojawiają się.

Głębokie oddychanie, medytacja lub ćwiczenia fizyczne to wszystkie techniki relaksujące.

Poszukaj pomocy specjalisty, takiej jak terapia lub poradnictwo, jeśli to konieczne.

Otaczaj się wsparciem przyjaciół i rodziny, którzy mogą Ci pomóc radzić sobie i przetwarzać emocje.

Dbaj o swoje dobre samopoczucie fizyczne, psychiczne i emocjonalne poprzez praktykowanie dbania o siebie.

Skupiaj się na teraźniejszości i nie skupiaj się na przeszłości.

Wysiłek, aby przypominać sobie rzeczy w Twoim życiu, które się zmieniły i poprawiły od wydarzenia.

Trzymaj dziennik lub pamiętnik, aby śledzić swój postęp i dokumentować swoje uczucia i emocje.

Bądź łagodny i wyrozumiały dla siebie. Pamiętaj, że leczenie wymaga czasu i cierpliwości.

Carl Jung

Weź pod uwagę balans pomiędzy logiką, a emocjami. Carl Jung

Carl Jung, znany szwajcarski psycholog i psychiatra, uważał, że emocje i logika są ze sobą powiązane, ale nie są tym samym. Emocje uważał za ważny składnik naszej psychiki (świadomości) i jednego z głównych motywatorów naszego zachowania w swojej teorii psychologii głębi. Logika natomiast uważana jest za sposób myślenia oparty na rozumowaniu i analizie.

Według Junga, emocje i logika są ważne dla naszego zdrowia psychicznego i dobrego samopoczucia. Z jednej strony emocje są ważne, ponieważ pozwalają nam czuć radość, miłość i inne pozytywne emocje, a także rozumieć nasze potrzeby i pragnienia. Natomiast logika jest ważna, ponieważ pozwala nam myśleć racjonalnie i podejmować rozsądne decyzje.

Jung uważał, że aby osiągnąć dobre zdrowie psychiczne i funkcjonować dobrze, emocje i logika powinny być zrównoważone. Kiedy emocje i logika są niezrównoważone, może to prowadzić do problemów zdrowotnych i psychicznych, takich jak lęk, depresja czy uzależnienie. Dlatego ważne jest, aby nauczyć się równoważyć emocje i logikę i pracować nad ich harmonijnym współdziałaniem.

Oto kilka przykładów, jak możemy stosować to pojęcie w codziennym życiu:

Zastanów się, jak reagujesz na różne sytuacje i spróbuj zrozumieć emocje i myśli, które kierują twoim zachowaniem.

Postaraj się zrozumieć różne sposoby, w jakie emocje i logika wpływają na twoje decyzje i działania.

Aby być bardziej świadomym swoich emocji i myśli, praktykuj uważność i świadomość siebie.

Zauważ, kiedy twoje emocje przejmują kontrolę i spróbuj odstawić na bok i myśleć racjonalnie.

Rozwijaj zdrowe sposoby radzenia sobie, takie jak ćwiczenia, medytacja lub rozmowa z terapeutą, aby poradzić sobie z trudnymi emocjami.

Aktywne słuchanie, komunikacja i empatia mogą pomóc Ci lepiej zrozumieć emocje innych i poprawić twoje relacje.

Ucz się więcej o emocjach i logice, czytając książki i biorąc udział w wykładach, aby lepiej zrozumieć, jak się one ze sobą komunikują.

Utrzymuj równowagę między aktywnościami, które stymulują twoje emocje, a tymi, które stymulują twoją logikę.

Praktykuj podejmowanie decyzji, które biorą pod uwagę zarówno twoje emocje, jak i logikę.

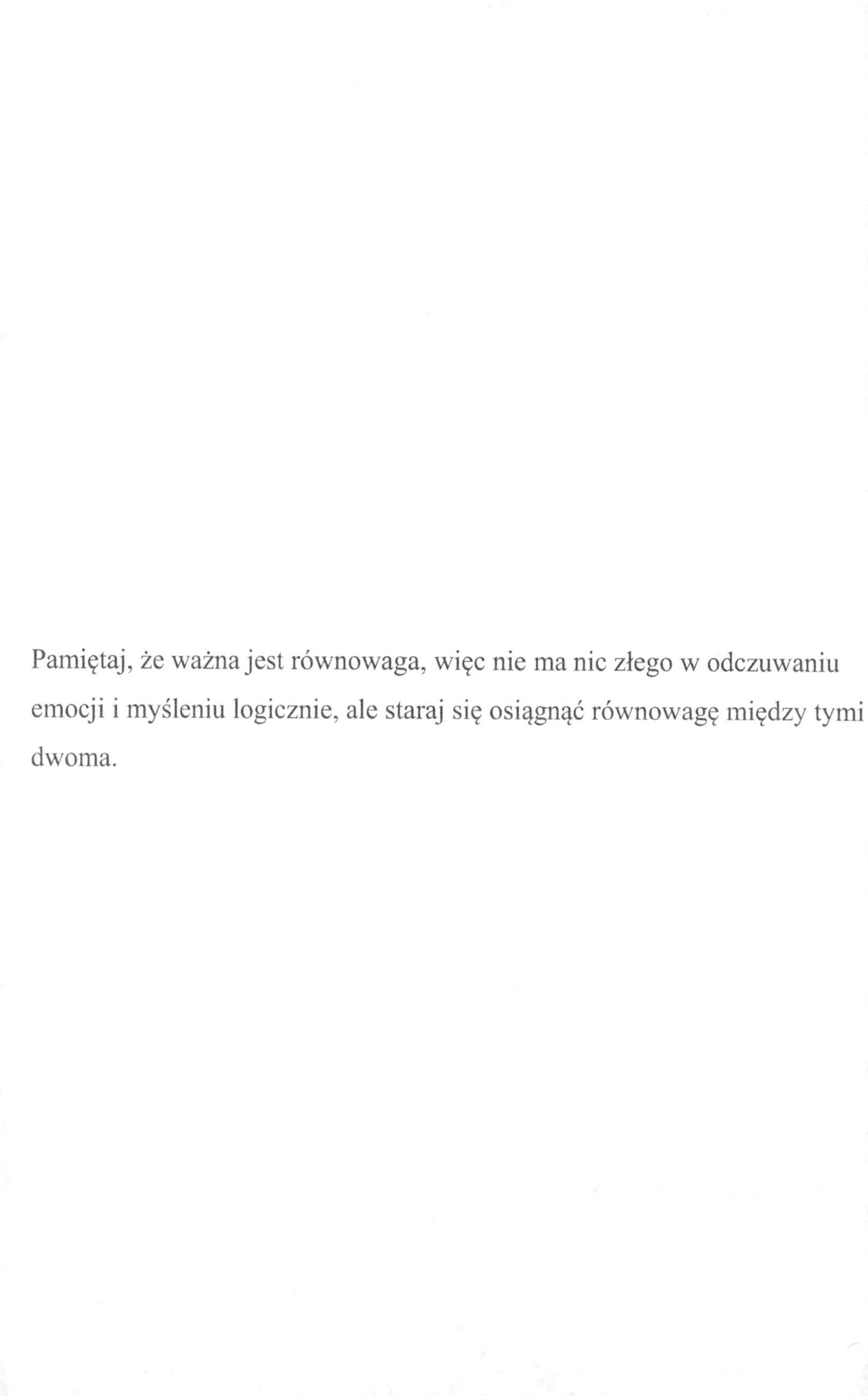

Pamiętaj, że ważna jest równowaga, więc nie ma nic złego w odczuwaniu emocji i myśleniu logicznie, ale staraj się osiągnąć równowagę między tymi dwoma.

Twoje myśli i emocje kontrolują twoją psychikę. (Wszystko znajduje się w głowie)

Nasz umysł kontroluje nasze emocje, myśli i nastroje, w tym sensie, że decyduje o tym, jakie emocje odczuwamy w danym momencie i jak reagujemy na różne sytuacje. Nasze emocje mogą wpływać na nasze myśli i przekonania, a nasze emocje mogą wpływać na nasze myśli i postrzeganie rzeczy.

Na przykład, jeśli ktoś uważa, że nie jest dobry w danej dziedzinie, może doświadczać emocji takich jak strach, frustracja lub zniechęcenie, próbując odnieść sukces w niej. Kiedy próbuje odnieść sukces w dziedzinie, ktoś, kto uważa, że jest wystarczająco dobry i posiada wiele umiejętności, może doświadczać emocji takich jak pewność siebie i motywacja.

W rezultacie możemy powiedzieć, że nasz umysł kontroluje nasze emocje, myśli i nastroje, ponieważ to nasz umysł decyduje, jakie emocje odczuwamy i jak reagujemy na różne sytuacje. Nasze umysły mogą być również trenowane i uczone nowych sposobów myślenia, co prowadzi do zmian w naszych emocjach, myślach i nastrojach.

Zrozumienie, że nasz umysł kontroluje nasze emocje, myśli i nastroje, może być bardzo korzystne w naszym codziennym życiu. Może nam pomóc lepiej radzić sobie z trudnymi emocjami, zmienić negatywne myśli na pozytywne i poprawić ogólne dobre samopoczucie.

Pamiętaj, że równowaga jest ważna, więc jest w porządku odczuwać emocje i myśleć logicznie, ale staraj się osiągnąć równowagę między nimi.

Oto kilka przykładów, jak możemy stosować to pojęcie w codziennym życiu:

Rozpoznawaj swoje własne emocje i myśli. Spróbuj zidentyfikować swoje prawdziwe uczucia i to, co przechodzi Ci przez głowę w danej chwili. Można to osiągnąć za pomocą specjalnych technik, takich jak uważność lub pisanie dziennika.

Ulepsz swoje przekonania. Nasze przekonania mają znaczący wpływ na nasze emocje i myśli. Spróbuj zmienić negatywne przekonania na pozytywne lub bardziej realistyczne. Aby lepiej zrozumieć swoje przekonania i nauczyć się je zmieniać, możesz skorzystać z pomocy terapeuty lub trenera.

Naucz się radzić sobie z trudnymi emocjami. Wszyscy musimy radzić sobie z trudnymi emocjami, takimi jak smutek, strach czy gniew. Zamiast ignorować lub tłumić takie emocje, ważne jest, aby nauczyć się radzić z nimi. Techniki zarządzania emocjami, takie jak terapia związana z cierpieniem, mogą Ci pomóc radzić sobie z trudnymi emocjami.

Naucz się kontrolować swoje myśli. Nasze myśli mają znaczący wpływ na nasze emocje i nastroje. Spróbuj kontrolować swoje myśli, zamiast pozwalać im kierować Twoim zachowaniem, jeśli chcesz poprawić swoje dobre samopoczucie. Możesz nauczyć się kontrolować swoje myśli i radzić sobie z negatywnymi lub szkodliwymi myślami, korzystając z technik, takich jak medytacja lub afirmacje pozytywne. Możesz też spróbować zastąpić negaty

Jeśli czujesz się źle, ustaw timer na 5 minut. W tym czasie wyraź swoją frustrację, skarż się i marudź. Gdy timer się skończy, wdychaj głęboko i powiedz sobie: "Nie mogę zmienić tego, co się stało".

Kiedy jesteśmy sfrustrowani i rzeczy nie idą dobrze, możemy ustawić timer na 5 minut i pozwolić sobie na wyrażenie frustracji. W tym czasie możemy wyrazić swoje emocje, skarżyć się i marudzić. Gdy timer się kończy, daje nam radę. Kiedy timer się kończy, przypomina nam, że nie możemy zmienić tego, co się stało. Zamiast tracić czas na skarżenie się i marudzenie, ten cytat zachęca do akceptacji tego, co jest i skupienia się na tym, co możemy zmienić. "Mając ograniczony czas na wyrażenie frustracji, możemy lepiej sobie z nią poradzić i przejść do działania."

Możemy zastosować ten koncept w następujący sposób:

Ustaw konkretny czas w ciągu dnia lub tygodnia na wyrażanie swoich frustracji i skarg. Może to pomóc Ci pozbyć się tłumionych emocji i uniknąć ich nagromadzenia i negatywnego wpływu na twoje zdrowie psychiczne.

Po tym, jak wyraziłeś swoją złość, spróbuj ćwiczeń uważności i głębokiego oddychania, aby pomóc Ci się zrelaksować i odzyskać kontrolę.

Zamiast skupiać się na tym, czego nie możesz wpływać lub zmieniać, skoncentruj się na tym, co możesz. Zamiast czuć się bezradnym i przytłoczonym, może to motywować Cię do działania i znajdowania rozwiązań.

Możesz zwiększyć swoją inteligencję emocjonalną i odporność ucząc się akceptowania rzeczy, które są poza twoją kontrolą i rozwijając strategie radzenia sobie.

Zamiast trzymać swoje emocje i potrzeby dla siebie, skutecznie je komunikuj z innymi. Możesz poprawić swoje relacje i unikać konfliktów w ten sposób.